Made in the USA
Middletown, DE
08 December 2019

80282044R00062